AF369663

17 Mars 88

VENTE

D'OBJETS D'ART

DE CURIOSITÉ ET D'AMEUBLEMENT

JOLIES CONSOLE ET GLACE LOUIS XVI EN BOIS SCULPTÉ

ET DORÉ

MEUBLES DIVERS DU XVIIIe SIÈCLE

FAÏENCES, PORCELAINES, OBJETS DE VITRINE

BEAU MANUSCRIT DU XVe SIÈCLE

BRONZES, PENDULE LOUIS XVI, FLAMBEAUX, LUSTRE

TAPISSERIES ET ÉTOFFES

HOTEL DROUOT, SALLE N° 7

Le Samedi 17 Mars 1888

à 2 heures

COMMISSAIRE-PRISEUR	EXPERT
Me LÉON TUAL	**M. B. LASQUIN**
56, rue de la Victoire, 56.	12, rue Laffitte, 12

EXPOSITION PUBLIQUE

Le Vendredi 16 Mars 1888, de 1 heure à 5 heures.

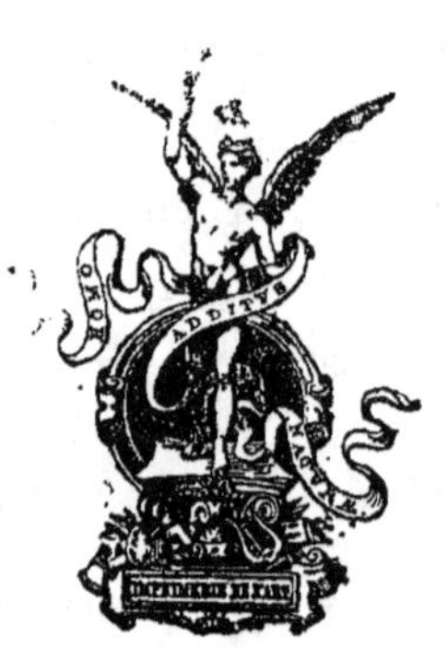

CONDITIONS DE LA VENTE

Elle sera faite au comptant.

Les Acquéreurs payeront, en sus des adjudications, CINQ CENTIMES PAR FRANC applicables aux frais.

L'exposition mettant le public à même de se rendre compte de l'état des objets, aucune réclamation ne sera admise une fois l'adjudication prononcée.

Paris. — Imp. de l'Art. E. MÉNARD et Cⁱᵉ, 41, rue de la Victoire.

DÉSIGNATION DES OBJETS

MEUBLES ANCIENS

1 — Très jolie console du temps de Louis XVI de forme arrondie, en bois sculpté et doré, à quatre pieds fuselés, reliés par un entrejambes supportant une corbeille de fleurs ; la ceinture est ornée de guirlandes de fleurs finement sculptées. Dessus de marbre.

2 — Glace dans un encadrement du temps de Louis XVI, délicatement sculpté à bouquets de fleurs et moulures de feuillages.

3 — Grande pendule de style Louis XIV en marqueterie de cuivre et d'écaille, ornée de motifs de bronze, cariatides, appliques, vases, etc., reposant sur des chevaux marins posés sur un socle et surmontée d'une figure de Minerve.

4 — Grand lustre à trente-deux lumières, en bronze garni de cristaux.

5 — Buffet à deux corps en chêne sculpté, du temps de Louis XV.

6 — Table de style Louis XVI en bois sculpté et peint en blanc.

7 — Deux miroirs de style Louis XIII.

8 — Secrétaire Louis XVI en bois de rose.

9 — Bureau bonheur du jour, en acajou.

10 — Petite table de nuit Louis XV.

11 — Vitrine Louis XVI en acajou à moulures de cuivre, dessus de marbre.

12 — Bureau Louis XVI en acajou.

13 — Bas de banquette Louis XV en bois sculpté.

14 — Commode Louis XV à contours et à trois rangs de tiroirs.

15 — Commode Louis XV analogue à la précédente.

16 — Bureau Louis XVI.

17 — Commode Louis XV.

18 — Cabinet Louis XIII.

19 — Bénitier en marqueterie.

20 — Baromètre Louis XVI en bois sculpté.

BRONZES ET CUIVRES

21 — Pendule du temps de Louis XVI en bronze ciselé et doré au mat, dont le cadran surmonté d'une bacchante est supporté par deux enfants à califourchon sur des bancs, reposant sur un socle en marbre blanc orné d'un bas-relief à jeux d'enfants.

22 — Groupe en bronze : Hercule lançant Lichas dans la mer. (D'après Canova.)

23 — Deux flambeaux Louis XIV en cuivre, gravé à festons et ornements.

24 — Deux chenets Louis XIII en cuivre, à tètes de chérubins.

25 — Deux autres chenets Louis XIII en cuivre.

26 — Petite pendule Louis XVI en marbre et bronze.

27 — Deux vases en bronze de Feuchère.

28 — Lanterne Louis XVI en cuivre.

29 — Lustre hollandais à seize lumières en cuivre.

30 — Paire de girandoles à quatre lumières surmontées d'un aigle.

31 — Deux flambeaux Louis XVI en bronze ciselé et doré.

32 — Deux flambeaux en bronze argenté.

33 — Deux flambeaux ornés de cygnes en bronze.

34 — Deux flambeaux Louis XVI en bronze.

35 — Lustre en bronze, genre Louis XV, garni de cristaux.

36 — Petite figure de Madone en bronze.

FAIENCES ET PORCELAINES

37 — Grande et belle fontaine et son bassin en ancienne faïence de Rouen, à riche décor de lambrequins, festons de fleurs et ornements en bleu.

38 — Fontaine et son bassin en ancienne faïence de Rouen, à décor polychrome.

39 — Hanap et cuvette en ancienne faïence de Marseille, décorés de scènes chinoises, d'oiseaux et de branchages en couleurs.

40 — Hanap et sa cuvette en ancienne faïence de Marseille, décorés de bouquets de fleurs en couleurs.

41 — Hanap et un plateau en faïence de Nove, à décor polychrome de bouquet de fleurs.

42 — Petit plateau en faïence de Moustiers.

43 — Petite coupe en faïence du Beauvoisis, décorée en relief et émaillée en vert.

44 — Deux vases étrusques et deux plateaux en terre noire, décorés en jaune.

45 — Soupière et son plateau en faïence de Strasbourg.

46 — Deux jardinières, deux plats longs, un plat rond et un petit compotier en faïence de Rouen et de Moustiers.

47 — Grand plat à poissons et reptiles, genre Palissy.

48 — Trois autres plats de même faïence.

49 — Grande buire en faïence,

50 — Objets divers : faïences, porcelaines, meubles, livres, objets de vitrine.

51 — Deux cornets en ancienne porcelaine de Chine, à décor bleu.

52 — Deux petits vases à pans, de même porcelaine et de décor analogue.

53 — Narguileh dont le flacon est en ancienne porcelaine du Japon, avec fourneau en cuivre repercé
et orné de turquoises.

54 — Huit assiettes et deux saucières en ancienne
porcelaine de l'Inde, décorées de fleurs émail-
lées.

55 — Deux tasses de même porcelaine.

56 — Douze assiettes en ancienne porcelaine de
Nymphenbourg, décorées de bouquets de fleurs
finement peints en couleurs.

57 — Tasse en ancienne porcelaine de Saint-Cloud.

58 — Plaque ronde en porcelaine, pâte tendre.

59 — Deux potiches en vieux Chine, à décor de
fleurs.

60 — Quatre tasses en vieux Chine.

61 — Deux bols en vieux Chine, fond jaune.

62 — Deux compotiers en vieux Chine, fond jaune.

63 — Deux autres compotiers en vieux Chine, décorés d'oiseaux.

64 — Trois bols en vieux Chine à tons unis.

65 — Deux bols en vieux Chine à fleurs.

66 — Deux plats en vieux Chine à décor bleu.

67 — Vase fond vert à fleurs.

68 — Cadre contenant une série de médaillons en porcelaine de Sèvres provenant de la vente de la liste civile.

69 — Plat en faïence de Strasbourg.

70 — Plat en faïence allemande.

71 — Groupe en biscuit.

MANUSCRITS

72 — Beau manuscrit français de la fin du xve siècle, livre d'heures précédé d'un almanach et orné de douze grandes miniatures d'une grande finesse d'exécution; toutes pages bordées d'ornements arabesques et de nombreuses lettres initiales rehaussées d'or. Belle conservation.

73 — Autre manuscrit du xvie siècle, orné de miniatures et d'encadrements de pages avec nombreuses lettres rehaussées d'or.

OBJETS DE VITRINE

74 — Éventail Louis XV à monture de nacre gravée
et rehaussée d'or, avec feuille décorée à la gouache d'un sujet champêtre.

75 — Eventail Louis XV, monture en nacre sculptée,
à sujet pastoral.

76 — Eventail Louis XV, monture en nacre rehaussée de dorure.

77 — Éventail Louis XV en ivoire et ornements
dorés; feuille en soie décorée d'une gouache :
Didon fondant Carthage.

78 — Éventail Louis XV en ivoire, avec gouache à
sujet champêtre.

79 — Éventail en ivoire ajouré et rehaussé d'or.

80 — Éventail en vernis Martin, camaïeu rose à
sujet : Renaud et Armide.

81 — Petite montre de forme sphérique en émail,
décorée de sujets mythologiques; monture en
argent doré.

82 — Petite chope en émail, décorée d'un paysage
et de figures mythologiques; couvercle et monture en argent doré.

83 — Boîte ovale en émail, décorée de paysages et de scènes mythologiques; monture en argent doré.

84 — Autre boîte plus petite, de même travail.

85 — Œuf en argent émaillé en bleu, orné d'étoiles et de figures de guerriers en relief. L'intérieur contient une montre à cadran en émail rose.

86 — Lot de breloques en or.

87 — Lot de breloques en argent.

88 — Boîte Louis XIV en argent, de forme contournée, ornée, sur le couvercle, de figures allégoriques de fleuves.

89 — Tabatière ovale en argent gravé, à attributs de musique et ornements.

90 — Sucrier en argent, de forme contournée.

91 — Porte-cure-dents en argent, figuré par un oiseau chimérique.

92 — Deux salières en cristal sur pieds en argent.

93 — Deux mouchettes en acier, avec ornements en relief dorés.

94 — Quatre boucles en stras montées en argent.

95 — Boîte carrée en vernis Martin, décorée d'une figure de Turc dans un encadrement de rocailles.

96 — Calice en argent repoussé, avec couvercle surmonté d'un bouquet de roses.

97 — Couronne en argent doré, surmontée d'une croix et sertie de pierres de couleur.

98 — Quatre petits bustes d'archiducs et de palatins en pierre dure sur piédouche.

99 — Six manches de couteaux en ancienne porcelaine de Chine.

OBJETS DIVERS

100 — Groupe en terre cuite, de Carrier-Belleuse : Andromède.

101 — Colonne Trajane en marbre.

102 — Grande jardinière en marbre.

103 — Encadrement de dessus de porte Louis XV, en bois sculpté.

104 — Petit cadre de glace Régence, en bois sculpté
et doré.

105 — Gravure de Th. de Bry: le Triomphe de
Bacchus, dans une bordure Louis XVI.

106 — Portrait de jeune femme tenant une rose.
École française du xviiie siècle.

107 — Deux casques.

108 — Bouclier.

109 — Paire de gantelets.

110 — Six hallebardes.

111 — Deux épées.

ÉTOFFES ET TAPISSERIES

112 — Très belle chasuble du commencement du
xviie siècle, en tapisserie au petit point, à fleurs
et feuillages, appliquée sur fond de satin blanc
brodé de soie.
Cette chasuble provient de la chapelle du sei-
gneur de Coligny, à La Mothe-Saint-Jean.

113 — Garniture de lit en drap vert, soutaché de galons à ornements Louis XIV.

114 — Trois morceaux soie ancienne.

115 — Deux ornements en broderie d'argent et de soie sur fond bleu.

116 — Tapisserie Louis XIII à sujet de figures et paysages.

117 — Lot de bordures de tapisserie.

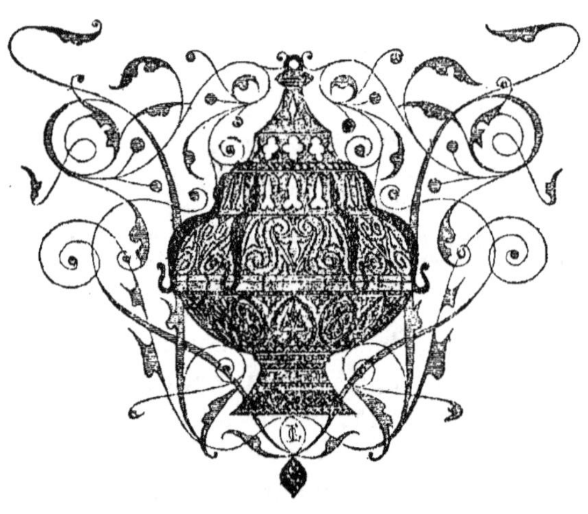